AF260168

PIERRE CLOIX

Le Collectivisme

sous

le Joug du Superflu

Prix : 1 fr. 25

PARIS
IMPRIMERIE CHAIX
Rue Bergère, 20
1896

PIERRE CLOIX

Le Collectivisme

sous

le Joug du Superflu

Prix : 1 fr. 25

PARIS

IMPRIMERIE CHAIX

Rue Bergère, 20

1896

A

MON CHER J.

P. C.

Le Collectivisme

sous

le Joug du Superflu

THÉODORE.

Vous avez lu ?

FRANÇOIS.

Oui, voici votre journal. Le luxe est légitime et même ennoblissant, je le savais.

THÉODORE.

Je ne l'ignorais pas davantage, et cet article n'a pas la prétention de me l'apprendre.

FRANÇOIS.

Alors ?

THÉODORE.

Son but très manifeste est de pousser plus avant encore, s'il se peut, dans l'esprit des lecteurs accoutumés de la *Défense*, cette conviction : que leur refus d'obéir aux injonctions de M. Guesde ne leur est pas inspiré par un méprisable amour de soi-même, qu'il procède, au contraire, d'une sympathie réfléchie à l'égard des classes pauvres et, par là, confine à l'héroïsme. Doutez-vous qu'il ne l'atteigne ?

FRANÇOIS.

Certainement non.

THÉODORE.

Si je me suis permis de vous le signaler, c'est uniquement à cause de la grande force de persuasion que je lui trouve. Le plaisir que le peuple et la menue bourgeoisie ressentent au spectacle de l'opulence est si vif qu'il y aurait cruauté à les en priver. Où voit-on plus de monde qu'aux abords d'une église élégante, un jour de grand mariage ? Il n'est que de jeter, du haut d'une Daumont, au retour du Grand Prix, un regard sur la foule qui se presse au défilé des équipages, pour se faire une raison. La cause des petits est plaidée avec chaleur ici. Si l'abonné, après la lecture de ces trois colonnes, ne s'attendrit pas sur le souci généreux qu'il a pris d'avoir des rentes, c'est qu'il a le cœur bien sec.

FRANÇOIS.

A la bonne heure !

THÉODORE.

Oui. Et maintenant, François, si vous voulez me dire qu'un article de ce genre ne prouve rien contre le socialisme, vous pouvez vous en épargner la peine.

FRANÇOIS.

Non seulement il ne prouve rien, Théodore, mais si le luxe est légitime et ennoblissant à ce point, je ne vois guère ce que l'on peut répondre à ceux d'entre les socialistes qui se refusent à le laisser plus longtemps le privilège de quelques-uns et prétendent n'aspirer, justement, à transformer la société, que dans le but d'ennoblir tout le monde ?.....

THÉODORE.

On ne leur répond rien, — mais on leur a de l'obligeance, toutefois, d'apporter quelque agrément dans la controverse.

FRANÇOIS.

Vous pensez que cet ennoblissement général est au-dessus de leurs forces?

THÉODORE.

Telle est mon opinion.

FRANÇOIS.

Vous conviendrez qu'il est tout de même assez curieux que les mêmes arguments qui servent à me démontrer irréfutablement, dans la *Défense*, que l'ordre de choses actuel doit être maintenu, soient employés par le *Tambour* à me rendre évidente la vérité contraire.

THÉODORE.

Ceci prouve simplement qu'il ne faut pas lire les deux à la fois, voilà tout. La *Défense* coûte trois sous et le *Tambour* n'en coûte qu'un : — à chacun de choisir selon ses convictions.....

FRANÇOIS.

Et si je n'en ai pas?

THÉODORE.

Le cas n'est pas prévu pour ces questions capitales. On ne vise, de l'un et l'autre côté, qu'à persuader des gens qui le sont déjà de reste. Sans un radis et socialiste, vous verrez qu'un rédacteur du *Tambour*, en exaltant le luxe, éveillera chez vous un vif désir de l'acquérir. A l'opposé, riche et conservateur, un écrivain de la *Défense*, en agissant de même, vous confirmera dans l'intention, où vraisemblablement vous êtes, de le garder pour vous. — Après cela, je sais bien que quelques socialistes, dont Bergelot, nous dépeignent la future société sous des dehors moins ternes que ne le fait, par exemple, Toupin. Je n'ignore pas que si Toupin ne promet guère, Bergelot en revanche promet énormément. Un adversaire ne peut cependant avoir une argumentation différente vis-à-vis de chacun d'eux, se livrer à une apologie du luxe ou bien de la misère, suivant qu'il s'agira pour lui de terrasser le socialisme en la personne de Toupin, ou de l'anéantir en celle de Bergelot. Dans de pareilles conditions, la situation d'abonné ne serait plus tenable..... Si les intéressés y trouvent à redire, c'est affaire à eux, de leur côté, de s'entendre. Il n'est, d'ailleurs, pas à prévoir qu'ils y parviennent de sitôt, étant dissemblables de complexion, et nul réformateur, notre vieux monde supposé démoli, ne pouvant faire autrement, pour en reconstruire un nouveau, que d'obéir aux impulsions de son humeur.

FRANÇOIS.

C'est une erreur.

THÉODORE.

Il ne me paraît point qu'il y ait, ni qu'il puisse y avoir, en ces matières, d'autre guide.

FRANÇOIS.

Détrompez-vous.

THÉODORE.

Des souliers jusqu'à la cravate, de l'avis des meilleurs juges, tout est parfait chez Bergelot; on me dit qu'il n'en va guère de même chez Toupin. Le résultat est qu'avec l'un nous nous adonisons, et que nous revêtons le complet de bure avec l'autre. Nous nous délasserons longuement, à la lecture des philosophes et des poètes, de nos travaux sociétaires, si c'est le plan du premier, esprit cultivé, qui triomphe; je suppose qu'il nous sera tout juste accordé cinq minutes pour nous repaître des feuilletons du *Tambour*, si c'est celui du second. Les soirs que son comité chôme, Bergelot prend place volontiers dans un fauteuil aux Français; Toupin préfère, sans doute, lui, aller fumer sa pipe à Bataclan. C'est pourquoi, tandis que l'un rêve, par sympathie, d'associer tout le monde aux jouissances délicates qu'il goûte à *Bérénice*, l'autre réserve tout au plus, en fait de plaisirs scéniques, à son peuple, le café-concert le dimanche. Il nous y conduira, par fournées, ouïr des chansons humanitaires......

FRANÇOIS.

Ce n'est pas sérieux.

THÉODORE.

Excusez-moi, François. Et notez bien ceci, il ne faut pas vous méprendre : le souci que prend Bergelot de sa barbe et de ses cheveux ne me fait pas douter, ainsi qu'à la *Défense*, de sa sincérité; pas plus que son poil emmêlé n'est seul à témoigner à mes yeux de la bonne foi de Toupin. Je veux très bien les croire parfaitement convaincus l'un et l'autre. Je me contente de dire que nous ne savons rien du monde qui se prépare et sommes condamnés à tout en ignorer jusqu'au grand jour de son avènement, que la différence qui se remarque entre les plans de nos deux architectes n'a pas sa source ailleurs que la divergence de leurs goûts.

FRANÇOIS,

Encore une fois, cela ne m'est pas démontré.

THÉODORE.

Et pourtant, ce n'est pas Bergelot qui nous voue à Paulus, ni Toupin à Mlle Bartet. — Vous n'êtes pas frappé de l'objection ?

FRANÇOIS.

Non.

THÉODORE.

Alors je n'y puis rien. — Je suis exempt de parti pris dans la question. De ce qu'il a toujours existé jusqu'ici des pauvres et des riches, je n'en conclus pas, avec la résignation d'un millionnaire, qu'il en doive être ainsi jusqu'à la fin des siècles, et l'absurdité du socialisme ne m'est pas démontrée, dès l'abord, par cette considération, que du partage de la fortune de M. de Rothschild entre tous les Français, chacun de nous recevrait environ trente centimes pour sa part... Je consens à demander avis aux docteurs du nouvel Évangile: seulement je n'aime point que l'on me dore à l'excès la pilule; on me dégoûterait plutôt de l'avaler. Et s'il faut tout vous dire, en ce qui, moi, personnellement, me concerne, — vous m'entendez, François? tandis que j'aiderais de tout mon cœur Toupin, si je le pouvais, à procurer du pain aux pauvres gens qui en manquent, je ne bougerais pas d'une semelle, je l'avoue, pour mettre Bergelot en mesure de leur donner, par surcroît, de la brioche.

FRANÇOIS.

En vérité?

THÉODORE.

C'est comme je vous le dis. Je vous demande pardon de vous bombarder d'aphorismes de ce calibre, mais: la fortune ne fait pas le bonheur; les plaisirs et les peines, tout en ce monde est affaire de relativité, et la peau de bique du berger abrite, souventes fois, plus de félicité que la pourpre royale.

FRANÇOIS.

C'est bien mon sentiment.

THÉODORE.

Permettez que je vous en complimente.

FRANÇOIS.

Et je soupçonne Bergelot d'être de cet avis.

THÉODORE.

Tout au fond?

FRANÇOIS.

Pourquoi pas au grand jour?

THÉODORE.

Il n'y paraît que faiblement. — Eh bien, s'il adhère à cette philosophie, que je crois saine, je me permettrai de lui conseiller, dans l'intérêt même de la cause qu'il défend, de moins le dissimuler désormais. Les belles pein-

tures qu'il nous fait, en ses discours, de la
future société, ne lui servent de guère. Je ne
sache pas qu'elles aient eu, jusqu'à présent,
pour effet de convertir au socialisme beaucoup
de gens à leur aise. Quant à sa clientèle ordinaire, s'en tiendrait-il au quart de ce qu'il
lui promet, qu'elle le suivrait tout de même.
Qu'il se mette donc, premièrement, en peine
d'assurer le nécessaire à ceux qui ne l'ont
pas. Personne, pour le moment, ne lui en
demande davantage. Il sera toujours temps
de voir si le superflu peut s'y joindre, un
peu plus tard.

FRANÇOIS.

Le malheur est qu'aujourd'hui les deux ne
sont plus séparables.

THÉODORE.

Comment cela?

FRANÇOIS.

N'allez par croire que Bergelot s'efforce, de
propos délibéré, vers ces hauteurs. Il n'y atteint, au contraire, que tout à fait malgré lui,
et faute de pouvoir s'arrêter plus bas.

THÉODORE.

Je ne vous comprends pas.

FRANÇOIS.

Il est au-dessus de ses forces, comme de celles de tout autre — pénétrez-vous de cette vérité et défiez-vous des charlatans — d'assurer e nécessaire à l'ouvrier, sans le doter, en même temps, du superflu.

THÉODORE.

Je vous comprends de moins en moins.

FRANÇOIS.

C'est ainsi. Le socialisme contemporain n'a pas le choix ; il ne peut s'en tenir strictement au pain sec ; il faut, bon gré mal gré, qu'il en passe par la brioche.

THÉODORE.

Je le regrette..... Mais j'attends qu'il vous plaise de me le démontrer.

FRANÇOIS.

Que cela, pourtant, me semble clair !.....

THÉODORE.

Raison de plus. — François, je vous écoute.

FRANÇOIS.

Voyons, m'accordez-vous, pour commencer, que les objets qu'on est convenu d'appeler de première nécessité, existent aujourd'hui en quantité suffisante pour fournir aux besoins de tous? — Prenez votre temps, réfléchissez, je vous en prie.

THÉODORE.

C'est inutile. Non, je ne vous l'accorde pas. Mais je suis tout prêt à reconnaître que ces objets existeraient, en effet, si, pour parler comme un économiste, tant d'efforts n'étaient pas inutilement perdus pour la véritable création du bien-être.

FRANÇOIS.

Et cette perte d'efforts signifie pour vous : bras sans nombre occupés à la fabrication de coûteuses et vaines superfluités, et multiplication des intermédiaires de toute nature entre le producteur et le consommateur ?

THÉODORE.

Cela et bien des choses encore..... — Car il n'est que juste de le dire : ce gaspillage, les socialistes ne sont pas seuls à le déplorer ; non moins vivement qu'eux, ces messieurs de l'Institut s'en affligent.

FRANÇOIS.

Cela ne suffit pas. Vous ont-ils indiqué les moyens d'y remédier ?

THÉODORE.

L'un d'eux me donne l'assurance (je me rappelle à peu près sa phrase) que la mise en disponibilité d'une foule de gens valides qui encombrent, en ce moment, aussi bien l'apreil de la production que celui de la réparti- tion des produits, s'accomplira d'elle-même et sans le secours du collectivisme.

FRANÇOIS.

Et vous dormez tranquille là-dessus ?

THÉODORE.

J'avoue que je consens à l'écouter quand, par exemple, il m'affirme que la désertion du travail manuel prononcée qui a suivi chez nous une brusque diffusion du savoir, ne demeure qu'un phénomène purement momentané. Je suis bien convaincu, pour ma part, en effet, que les pères de famille ne tarderont guère à comprendre qu'il est non moins honorable, et souvent plus lucratif, de manier la bêche ou le marteau, que de s'user les coudes sur un bureau d'employé, et que, du moment qu'il est avéré que l'instruction suscite, à peu près infailliblement, chez celui qui la possède, la conviction que ce serait pour lui déroger que de risquer de s'attirer aux mains des ampoules, ils enlèveront à leurs fils tout moyen de se soustraire aux travaux de la terre ou de l'atelier — en les sevrant d'humanités !

FRANÇOIS.

Vous êtes pour les médications énergiques ?

THÉODORE.

Au cas présent, ce sont les seules efficaces.

FRANÇOIS.

Je vous approuve. D'autant plus qu'il ne suffit pas au bachelier, comme on a l'air de le croire, quand on lui prêche la noblesse du travail manuel, de ne professer aucune répugnance à l'endroit de ce dernier, pour s'y pouvoir livrer. La confection d'une paire de bottes, d'une armoire, d'une veste, exige des connaissances qu'en général il n'a pas. J'admets qu'une fois façonné par la vie, il en vienne à tenir en estime plus haute la profession de cordonnier, d'ébéniste ou de tailleur, que celle de gratte-papier à cent dix francs par mois : ses parents s'étant le plus souvent saignés aux quatre veines pour le pousser dans ses études, où prendra-t-il l'argent nécessaire pour subvenir à son entretien durant les deux ou trois années d'apprentissage indispensables ?

THÉODORE.

Je me le demande.

FRANÇOIS.

Seul, l'humaniste issu d'une famille à son aise pourra se faire ouvrier, si la fantaisie lui en vient. — Ce n'est pas tout. A supposer qu'il ait un gagne-pain immédiat dans les mains, un autre obstacle viendra l'empêcher de s'en servir. Il faut bien remarquer, en effet, que s'il est, pour l'ordinaire, tenté de considérer comme indigne de lui de se salir les doigts, ceux qui pourraient lui en fournir l'occasion, quand d'aventure il la cherche, en jugent aussi de cette sorte. Prenons le cas d'un jeune garçon qui, ayant servi dans un régiment d'artillerie, consentirait, plutôt que de mourir de faim comme surnuméraire de l'Enregistrement, à vivre grassement comme palefrenier de bonne maison. Il est certain qu'on ne l'acceptera dans cet emploi que s'il parvient à dissimuler sa qualité. Que sa supercherie soit découverte.....

THÉODORE,

Et, avec les journaux, aujourd'hui tout finit par se savoir.

FRANÇOIS,

Et le voilà dehors. Vous entendez d'ici les excuses flatteuses dont il sera l'objet. A moins, toutefois, que son maître — ce qui, d'ailleurs, est plus probable, — le soupçonnant d'anarchisme, ne le fasse empoigner par les sergents de ville.

THÉODORE.

Lesquels, incontinent, le passeront à tabac pour lui apprendre à déchoir!

FRANÇOIS.

Tellement le préjugé en faveur de l'instruction est vivace en notre pays!

THÉODORE.

Et preuve décisive qu'on ne la saurait supprimer sans l'attaquer dans son principe! Je disais bien.

FRANÇOIS.

Encore une fois, je vous approuve, — ou plutôt je vous approuverais, si j'étais convaincu que le retour au travail manuel des trois quarts des diplômés fût indispensable au bien-être de la partie pauvre de la nation.

THÉODORE.

Mais vous ne l'êtes pas?

FRANÇOIS.

Mais je ne le suis pas. L'énorme déperdition de forces que vous relevez dans le monde, vous masque, selon moi, le véritable aspect de la question. Vous constatez, d'abord, qu'un certain nombre d'hommes manquent du nécessaire, puis ensuite que beaucoup d'autres ne créent, à proprement parler, rien d'utile, — et vous partez de là pour conclure. C'est trop de hâte, Théodore. La corrélation manque entre les deux faits. Il faut chercher une autre cause au dénûment des premiers que la vaine agitation des seconds. — Le nécessaire, à la minute précise où je vous parle, est créé pour tout le monde, soyez-en sûr, et Bergelot, pour peu que M. de Rothschild lui déléguât sa fortune, n'aurait aucune peine à vous le démontrer. Il n'est pas un misérable qui jeûne, en ce moment, à Paris, est habillé de loques et dort sous les ponts, qui ne posséderait, par ses soins, deux livres de pain blanc, plus un chaud vêtement, plus deux draps, dès ce soir. Et M. P. Leroy-Beaulieu aurait tout de même son croissant, pour le chocolat, demain matin; on ne pillerait la garde-robe de personne, et ceux qui ont un lit continueraient à y dormir. Et sa preuve, avec des adjonctions convenables, Bergelot pourrait l'étendre à toute la province.

— Les innombrables paletots que renferment, en ce moment, la Belle Jardinière et autres établissements de confection similaires, ne sont pas, dès à présent, promis à des dos déterminés.

THÉODORE.

Les culottes non plus, c'est exact.

FRANÇOIS.

Et pourtant, si vous croisez un pauvre homme dans la rue, irez-vous lui glisser des adresses, par compassion, dans la main ? Ce qui lui manque, ce n'est pas un prospectus, mais bien la somme d'argent que coûte un habit neuf. Telle est, n'en doutez pas, si vous l'interrogez, l'explication que lui-même vous fournira de ses haillons.

THÉODORE.

Elle est plausible, j'en conviens.

FRANÇOIS.

Cet homme est accoudé sur le parapet du pont des Arts, à regarder couler l'eau. Un économiste vient à passer par là ; il distingue que les souliers qui le chaussent bâillent horriblement aux coutures. Son cœur s'émeut, et s'étant approché : « Je vous plains sincèrement, mon ami, mais il faut prendre courage; vous êtes au terme de vos souffrances; le succès promet de couronner, à bref délai, nos efforts : le nombre des bacheliers va décroître, et vous aurez bientôt des souliers neufs. Les cordonniers, en ce moment, vu leur trop petit nombre, ne peuvent suffire aux demandes ; excusez-les. Ceux-là, sans doute, auxquels vous vous êtes adressé, étaient surchargés de besogne? » — Supposez que l'interpellé, désarmé par la candeur qui se lit dans le regard bleu du vieillard, ne se serve pas de son restant de semelle pour lui répondre. — « Non, monsieur, ils se plaignaient, au contraire, de n'en pas avoir assez. » — « C'est singulier; d'où vient-il donc, alors, qu'ils ne vous aient pas remis vos brodequins en état? » — « Je ne leur ai pas demandé de le faire, mon bon monsieur, vu mon honnêteté et n'ayant pas d'argent pour les payer de leur peine. » — « Toute peine mérite salaire, en effet, — mérite salaire..... Vous n'avez pas d'argent, dites-vous? Mais il faut en gagner, mon ami, et pour cela travailler. Le travail est la source de toute richesse. Cela est parfaitement démontré dans une foule d'excellents ouvrages, dont plusieurs signés de mon nom. Passez au plus vite chez Guillaumin, mon bon ami, qui vous les remettra, au prix de sept francs et cinquante centimes l'un. » — « Je m'en rapporte, mon digne monsieur; je ne demanderais pas mieux que de travailler, seulement je ne trouve pas d'ouvrage. » — « Vous ne trouvez pas d'ouvrage? Vraiment, c'est singulier. Et, dites-moi, que faites-vous de votre état? » — « Je suis cordonnier, mon bon monsieur..... »

THÉODORE.

Je vous entends, l'économiste se sentira démonté?

FRANÇOIS.

Je ne le pense pas. Un économiste est mieux en selle que cela. Un fait qui le gêne ne le gêne jamais que momentanément. Il sait toujours s'en servir pour renforcer, par quelque endroit, son système. Ce que j'en dis n'est que pour vous, qui n'avez pas la même assiette.

THÉODORE.

Et pour me démontrer ?

FRANÇOIS.

Que Bergelot n'a peut-être pas tout à fait tort quand il combat, comme ne valant plus, l'explication que l'Institut fournit de la misère, et qu'il affirme que, loin d'en rechercher les causes dans une insuffisance de production, ces causes, il faut les rechercher dans un excès de production ; que le travailleur manuel, à cette heure, risque d'être privé des objets les plus indispensables à la vie, pourquoi ? Parce que la quantité existante de ces objets est de beaucoup trop petite ? Du tout, mais parce qu'au contraire elle défie toute consommation, parce que les magasins étant bondés, les réserves très grandes, ceux qui le pourraient employer n'ont plus que faire de ses services — et qu'un travailleur manuel qui ne travaille pas est bien près de se voir sans argent, et que, sans argent, il n'est guère commode à personne de se donner ses aises. — Quoi qu'il en soit, de l'absence d'un objet chez un homme,

3.

gardez-vous désormais de conclure à sa non-
existence, et surtout ne croyez plus que MM. X,
Y et Z, députés, — demandez à M. Trarieux
leurs petits noms — en trempant jusqu'au cou
dans les divers syndicats financiers que vous
savez, ont simplement péché par ignorance
des lois, et que les familles agiraient au mieux
des intérêts de l'épargne publique, en diri-
geant leurs enfants sans retard vers les fabri-
ques de papier et la typographie, car nous
manquons de Codes à ce point, qu'un exem-
plaire doit suffire à chaque groupe à la Chambre
et que l'Opportunisme même attend toujours
le sien. — Là où un médecin, ou bien un
avocat, gagne péniblement sa vie, qu'advien-
dra-t-il, se demandent chaque année, pleins
d'angoisse, les journaux, en relevant le chiffre
toujours croissant des étudiants inscrits dans
les Facultés de médecine et de droit, — qu'ad-
viendra-t-il, lorsque deux médecins ou avo-
cats, ou plus, viendront lui disputer sa déjà
trop maigre clientèle ? Il adviendra, je le veux
bien, que les profits du premier se trouveront
diminués de la somme des profits réalisés par

ses éventuels concurrents, et que nul d'entre eux n'aura chance de rouler carrosse par la suite. Mais est-ce donc le phénomène inverse qui se produit dans les professions manuelles, en des circonstances analogues? Et la question sociale se trouvera-t-elle résolue, quand les autorités constituées auront, fin juillet, convaincu les papas de leur stupide aveuglement et fait comprendre aux lauréats, loin de leur entr'ouvrir des horizons pleins de promesses, que la couronne en papier dont ils ceignent leurs fronts, est bien moins celle de triomphateur que celle de victime? Là où un charpentier, un maçon, a du mal à joindre les deux bouts, est-il à supposer qu'il entrera dans l'aisance, lorsque deux charpentiers ou deux maçons, ou plus, s'installeront à ses côtés, et que son gain primitif de quatre francs s'élèvera immédiatement à cinq, par cet effet? — Au banquet de la vie, tel qu'il est organisé dans la société présente, j'estime qu'un certain nombre d'hommes sont fatalement condamnés à regarder les autres manger. Des plats sont en réserve à l'office, où d'ailleurs ils se gâtent le plus souvent sans profit pour personne, mais il est hors de leur pouvoir de les en faire sortir. Qu'ils se livrent à cette occupation, avec un parchemin — ou bien sans parchemin, lequel vaut mieux, et pour eux-mêmes, et pour la société ? La question ainsi placée sur son véritable terrain, je conçois qu'on la débatte.

THÉODORE.

Vous y voyez un intérêt?

FRANÇOIS.

On peut y voir un intérêt. Le détenteur d'un parchemin, s'il se trouve réduit au rôle de spectateur que je viens de dire, souffrira davantage que son voisin d'orchestre qui en sera dépourvu, car à ses tiraillements d'estomac viendront s'ajouter de vives douleurs morales que l'autre ne connaîtra pas. Beaucoup d'écrivains conservateurs l'entendent ainsi, j'imagine. Comment m'expliquerais-je, s'il en était autrement, qu'après avoir relevé pour certaines catégories d'ouvrières des salaires variant de soixante à soixante-cinq centimes par jour, ils s'efforcent d'arrêter dans leur essor les nuées sans cesse grandissantes des aspirantes au brevet d'institutrice ? Ce n'est certainement pas une condition toujours des plus brillantes en soi que celle que le monde offrirait à celles-ci par ailleurs, ils le savent ; cependant, comme la plupart d'entre elles auront également, leur examen subi, à résoudre le problème de vivre pour treize sous par jour, n'est-on pas en droit (à moins qu'elles n'aient recours à quelque subterfuge : réchaud de charbon, chute d'un sixième étage sur le pavé — ou bien dans un entresol, ou plongeon dans la Seine, pour se soustraire à cette obligation), n'est-on pas en droit, dis-je, d'appréhender qu'elles n'y aient plus de mal que leurs sœurs illettrées ?

THÉODORE.

Incontestablement.

FRANÇOIS.

D'accord. Donc la question présente un intérêt ; mais, si cet intérêt n'est pas là, je voudrais bien savoir où il se trouve. — Maintenant, quand on en a usé, de la sorte, avec sollicitude envers les autres, il n'est pas défendu de songer un peu à soi. Le bachelier en peine de son déjeuner, à la vérité, pourra se dire : « Si je n'avais pas perdu dix ans de ma vie à ânonner du grec et du latin au collège, je gagnerais aujourd'hui mes dix francs par jour, comme tel ajusteur que je connais », et ne s'en prendre qu'à lui-même et à l'imbécillité de sa famille de sa fâcheuse posture. — Il est de règle, pour triompher noblement à ce jeu, j'appelle en passant votre attention sur ce point, qu'on prenne les plus misérables d'entre les conditions où puisse se trouver acculé un homme de savoir, pour les mettre en regard des situations les plus hautes que procurent les professions manuelles. Autrement, vous comprenez bien qu'il n'y a plus de discussion possible.— Notre homme pourra se dire cela, s'il est de bonne composition. Mais il est à redouter, dans le cas contraire, qu'il ne se dise : « Je suis bachelier, beaucoup de sous-préfets ne le sont pas ; d'où vient-il que je ne sois pas sous-préfet ? » et, là-dessus, trouvant la société mal faite, qu'il n'emboîte le pas à M. Guesde.

THÉODORE.

Si M. Guesde n'avait derrière lui que des bacheliers sans ouvrage, le socialisme ne serait guère redoutable.

FRANÇOIS.

Il ne faut jamais négliger les unités, c'est avec elles que se forment les dizaines; monsieur Aaron, qui sait compter, vous le dira. M. Guesde a derrière lui des gens qui ne lisent pas le grec, c'est exact; mais il a aussi des gens qui le lisent et qu'il n'aurait peut-être pas, s'ils ne le lisaient pas — non, encore une fois, à cause qu'ils seraient toujours plus heureux, mais parce que, ne nourrissant pas la conviction qu'ils sont supérieurs à leur destinée, ils se résigneraient peut-être à la subir. Et la résignation est une grande vertu, dont chacun se trouve au mieux : celui qui renonce à se plaindre, outre qu'il s'épargne à lui-même la fatigue de le faire, cesse, du même coup, de troubler par ses plaintes la quiétude des autres. — Mais nous nous éloignons. Je reprends : tout le monde ne possède pas aujourd'hui le nécessaire, mais le nécessaire est créé, dès aujourd'hui, pour tout le monde.

THÉODORE.

Après tout, c'est possible.

FRANÇOIS.

C'est très sûr.

THÉODORE.

Si vous voulez.

FRANÇOIS.

N'en doutez pas. Ce qui ne l'est pas moins, c'est que le superflu est créé pour un grand nombre de gens et qu'un grand nombre de gens possèdent, dès aujourd'hui, le superflu.

THÉODORE.

Dans tous les cas, c'est plus visible.

FRANÇOIS.

Ainsi, production : 1° du nécessaire pour tout le monde ; 2° du superflu pour beaucoup, — ce double résultat est obtenu, en dépit de l'énorme gaspillage de forces que vous me signaliez, aussi bien dans la production que dans la répartition des produits, tout à l'heure, et malgré l'oisiveté, soit volontaire, soit forcée, de je ne sais combien de centaines de milliers d'hommes. Croyez-vous que j'exagère?

THÉODORE.

Je n'ai pas dit cela.

FRANÇOIS

Voilà qui est entendu, bien. — Supposez maintenant que Bergelot reconnaisse en son particulier, et bien avant que M. Yves Guyot lui vienne en aide, la parfaite inanité des mesures que ses collègues du groupe socialiste et lui-même soumettent au Parlement, dans le but d'améliorer le sort des classes laborieuses; supposez-le convaincu de l'entière exactitude de cette assertion émise naguère par M. Jaurès, à la tribune : — que toute réforme, si radicale soit-elle, demeurera impuissante à assurer au travailleur sa part légitime des biens de ce monde aussi longtemps qu'on n'aura pas porté la main sur la constitution présente de la propriété capitaliste.....

THÉODORE.

C'est trop de pessimisme.

FRANÇOIS.

Si vous ne croyez pas que, cette part, le travailleur la possède, dès à présent; si vous ne pensez pas qu'il n'est que de s'en remettre, avec M. Gadaud, feu ministre, au libre jeu des institutions économiques, du soin de la lui assurer, je vous demande de me dire de quelle manière vous agirez pour atteindre le but poursuivi. — Sans doute, vous êtes d'avis que la fixation d'un minimum de salaire peut vous en rapprocher ? Vous considérez le patron comme mû, le plus souvent, par un abject égoïsme, n'ayant souci, dans ses rapports avec ses ouvriers, que de ses seuls intérêts.

THÉODORE.

Cette opinion n'est pas la mienne.

FRANÇOIS.

A la bonne heure! Si quelques-uns pourraient, sans grand dommage pour eux-mêmes, augmenter le salaire de leurs ouvriers, tous ne le pourraient pas. — Ce n'est pas moi, c'est Bergelot qui vous le dit.

THÉODORE.

J'en suis bien aise.

FRANÇOIS.

Le métier de patron n'est pas un métier privilégié ; il ne suffit pas à celui qui l'exerce d'entre-bâiller ses poches, pour que l'argent s'y engouffre. C'est pourquoi, après avoir fixé à l'employeur la somme au-dessous de laquelle il lui sera interdit de louer le travail d'autrui, — il ne resterait plus qu'à le mettre en demeure, par une loi connexe, de faire de bonnes affaires

THÉODORE

C'est bien ce que je pense.

FRANÇOIS.

Et quand cette loi aura produit tous ses effets, Bergelot se rangera au système de la participation aux bénéfices. On ne voit guère en quoi l'accès du travailleur au passif d'une faillite pourrait bien augmenter son pouvoir de consommation.

THÉODORE.

Non, on ne le voit guère.

FRANÇOIS.

Bon. — C'est donc, en ce cas, que vous auriez plus de confiance dans la réduction de la journée de travail à huit heures?..... Toupin la prêche comme un baume à tous les maux et souveraine, en particulier, contre le chômage. Voyons cela. Ou bien le travailleur manuel peut accomplir en huit heures la même somme de besogne qu'il accomplit actuellement en douze, et alors le nombre des bras inoccupés ne diminuera pas d'une paire : — ou bien le patron se verra dans la nécessité d'embaucher un tiers d'ouvriers en plus de ceux qu'il occupait avant, et il ne pourra les payer (à moins donc que les Chambres, en votant la loi des trois Huit, ne lui assurent des rentes) qu'en prenant sur le salaire des autres. Évidemment.

THÉODORE.

Evidemment. Une question : c'est toujours Bergelot qui parle par votre bouche ?

FRANÇOIS.

C'est toujours lui. Vous voyez qu'il sait aussi se servir du dilemne à l'occasion. — Ainsi, tout ce que l'on peut attendre de mieux de cette mesure, c'est un allégement de fatigue pour les ouvriers de certaines industries. Pour les autres, il y a bien aussi allégement de fatigue, mais ce dernier, par malheur, est suivi d'un allégement de salaire. Toupin n'arrive qu'à faire peser le dénûment sur un plus grand nombre d'épaules ; c'est une répartition plus équitable de la misère, si vous voulez, qu'il obtient, — rien autre chose. Il peut rengainer son spécifique !

THÉODORE.

Et l'on n'en pourrait pas davantage obtenir une plus équitable de la richesse, par une bonne loi des finances ?

FRANÇOIS.

Autre cautère.....

THÉODORE

« Il faut épargner cinq sous aux choses non nécessaires. »

FRANÇOIS.

« Le meilleur des plans de finance est de dépenser peu ; le meilleur des impôts est le plus petit. »

THÉODORE.

Oui. En plus : « L'impôt doit être proportionné au service que celui qui le paye retire de la protection sociale ». .

FRANÇOIS.

Bergelot n'attend rien de l'application de ces principes par le législateur.

THÉODORE.

Cela le regarde. Mais il ne m'en paraît pas moins évident, à moi comme à bien d'autres, que, du jour où les exigences du fisc pèseront moins lourdement sur lui, le producteur livrera à meilleur marché ses produits au consommateur.

FRANÇOIS.

D'abord, ce n'est pas sûr. Le producteur ne tient pas toujours compte d'une diminution des frais de production, dans la vente de ses produits au consommateur. Il n'y cherche, assez souvent, qu'un supplément de profit. Ce n'est pas moi qui l'avance.

THÉODORE.

J'entends bien, c'est Bergelot.

FRANÇOIS.

L'Institut ne lui en a pas laissé le temps.

THÉODORE.

Admettons, si vous voulez, que le producteur n'abaisse point ses prix de ce chef; du moins, ne les élèvera-t-il pas?

FRANÇOIS.

Soit, faisons-lui crédit de ce restant de loyauté. — Admettons même qu'il les abaisse, je n'y vois pas d'inconvénient.

THÉODORE.

C'est plus qu'il ne m'en faut, car, de ce même jour, du jour où le percepteur demandera moins à son épargne, le consommateur aura plus d'argent à consacrer à la satisfaction de ses besoins. Dès lors, et même à supposer que les denrées d'usage courant lui soient toujours vendues le même prix, si le fisc, sur un gain de cinq francs, par exemple, lui laisse désormais la pleine jouissance de 4 fr. 75 c., au lieu de 4 fr. 50 c., ces vingt-cinq centimes de supplément auront pour effet certain, vous ne pouvez le nier, d'augmenter son pouvoir de consommation. Modestement, je vous l'accorde, mais cela vaut encore mieux que pas du tout. Et l'on ne me fera que difficilement accroire que les Chambres, sur un budget de plus de trois milliards, en y regardant d'un peu près, ne trouveraient pas à nous épargner, pour la plus grande satisfaction de l'ombre de Colbert, beaucoup de fois cinq sols.

FRANÇOIS.

Vous êtes un partisan déterminé, sans nul doute, « de la simplification des rouages administratifs et de la suppression des emplois inutiles » ?

THÉODORE.

Notamment, oui. La mise à pied de cinquante mille fonctionnaires, grassement payés pour ne rien faire, et d'un nombre au moins égal d'huissiers, garçons de bureau ou concierges, à leur tour rétribués pour les aider dans cette tâche, ne me chagrinerait pas autrement. Quant aux autres, — les grosses bourses, qui retirent, à coup sûr, un service plus signalé de la protection sociale que les petites, seraient invitées dans une très large part à les nourrir.

FRANÇOIS.

Parfait! — Et maintenant, il ne vous reste plus qu'à me prouver, Théodore, que si l'État, sur les cent sous que vous gagnez, se contentait dorénavant de cinq au lieu de dix, vous garderiez par devers vous le libre usage d'une somme plus élevée.

THÉODORE.

Je ne savais pas que M. de la Palisse se commentât.

FRANÇOIS.

Vous ne me comprenez pas. Je m'explique; je veux dire: êtes-vous sûr, le fisc ayant une fois restreint ses exigences, de gagner toujours vos cent sous? — De deux choses l'une, Théodore.....

THÉODORE.

Vous voulez m'enfermer de nouveau?

FRANÇOIS.

Ou bien le taux des salaires est réglé par le prix des subsistances, comme le prétendent les socialistes, ou bien par le rapport qui existe entre l'offre et la demande de bras, comme le soutiennent les économistes. — S'il finit par descendre à ce qui est nécessaire à l'ouvrier pour vivre et se perpétuer, s'il est réglé par le prix des subsistances et que celui-ci se trouve diminué par suite d'un dégrèvement d'impôt, le salaire descendra d'un échelon équivalent. Le producteur vous avantageant d'un décime, c'est un décime que vous finirez bientôt par toucher en moins sur votre paye. Et Toupin se révèle inconséquent, lorsque, après avoir invoqué la formule de Lassalle, il avise, en votre compagnie, aux moyens de diminuer le prix des subsistances. — Du reste, je veux bien que la loi d'airain soit inexacte et qu'il faille aller chercher la vérité chez les économistes. Mais, si le taux des salaires s'élève quand deux maîtres courent après un ouvrier et qu'il s'abaisse lorsque deux ouvriers courent après un maître, il est à prévoir que les salaires seront terriblement réduits, lorsque non pas deux, mais quatre ouvriers s'offriront, pour le même travail, au même maître..... Et c'est ce qui infailliblement se produira. Car le malheur est là, voyez-vous : on ne peut diminuer les charges qui pèsent sur le contribuable en général, sans restreindre, en même temps, le nombre des employés de l'État, et celles qui pèsent sur le travailleur manuel en particulier, sans demander au riche une plus grande partie de ses ressources et le mettre, par là, dans l'impossibilité d'alimenter, d'une manière satisfaisante, les industries de luxe. Ces industries, faites le compte des ouvriers qui en vivent et songez à ce qu'il adviendrait de vos cent sous, s'ils se joignaient aux cent mille fonctionnaires dont vous brisiez le râtelier tout à l'heure, pour venir vous faire concurrence sur le marché du travail ! — Savez-vous quelles seraient, théoriquement, les deux mesures à prendre, par voie budgétaire, pour procurer plus de bien-être aux classes pauvres? Elles seraient les suivantes: 1° une augmentation des taxes qui permît d'accroître le nombre des employés de l'État et, conséquemment, d'établir dans la production, entre l'offre et la demande de bras, un rapport tout à l'avantage de la première; 2° la répartition de ces taxes entre les travailleurs manuels uniquement, à seule fin que, gardant la totalité de leurs revenus, les riches fussent à même de donner plus d'impulsion encore aux industries de luxe. Exigez-vous de Bergelot qu'il les inscrive à son programme et les aille soutenir dans l'atmosphère un peu chaude de la Maison du Peuple?

THÉODORE.

Je ne lui veux pas de mal.....

FRANÇOIS.

C'est cependant la seule chance qu'il ait de se faire entendre et de jeter quelque lumière

sur ces obscurs problèmes. Les esprits senti-
mentalement socialistes, non moins que ceux
méthodiquement conservateurs, à son avis, s'éga-
rent. Le tort des deux côtés est de s'imaginer
que, grâce au concours des machines, étant
donné que l'ouvrier peut accomplir, en un
même espace de temps, dix fois plus de travail
aujourd'hui qu'autrefois, la misère subsiste, à
cause qu'un trop grand nombre de bras ont
su se soustraire à tout travail effectif. Il est
bien vrai que l'ouvrier moderne, en plus de la
valeur représentative de son propre entretien,
peut créer celle représentative de l'entretien de
neuf de ses semblables, mais ce que l'on ne
veut pas voir, c'est que, par suite du mode de
propriété actuellement en vigueur, mode de
propriété en absolue contradiction avec la situation engendrée, précisément, par les progrès
de l'industrie, il ne lui est donné de produire
pour lui-même qu'autant qu'il se trouve avoir
à produire, tout d'abord, pour neuf autres. Ces
derniers, le régime présent exclut, de par son
essence, tout moyen de diriger vers la production leur force de travail, sans déterminer chez

le dixième, aussitôt, une absence de produits.
— Me comprenez-vous, Théodore?

THÉODORE.

J'y fais, du moins, tous mes efforts.

FRANÇOIS.

Vous nourrissez la généreuse indignation d'un saint Jean-Chrysostôme au spectacle de l'extrême opulence coudoyant l'extrême pauvreté. Si elle n'a rien perdu de sa valeur comme ressort d'action, — comme inspiratrice de réformes, une pareille indignation ne suffit plus. Des changements sont survenus en ce monde depuis que l'impératrice Eudoxie l'a quitté. Il est autre chose à faire, sous M. Faure, que de pousser avec un peu de vivacité sur le riche, sans plus, pour soulager l'indigent. Jusqu'au seuil de ce siècle, aussi longtemps que le machinisme demeura dans l'enfance, tant que, l'homme étant obligé de presque tout créer de ses mains, le nécessaire ne fut pas mis à jour, comme il l'est maintenant, pour tout le monde, le luxe des puissants ne pouvait que peser sur la misère des humbles. L'effet complètement inverse se produit en l'an 95 : — Si, jadis, on ne pouvait subsister par en bas qu'à condition que le désir de somptuosité fût faible par en haut, il est permis de dire, parlant par empirisme, qu'on ne le peut, au contraire, aujourd'hui, qu'à condition que celui-ci soit énorme. — « Tant d'hommes étant occupés à faire des habits pour un seul, le moyen qu'il n'y ait bien des gens qui manquent d'habits ? » Évidemment. Jadis, oui. L'explication, je le répète, a cessé de valoir ; de ce rapprochement, l'on ne peut rien déduire de pratique, à cette heure. Si Montesquieu était notre contemporain, je m'abriterais certainement derrière son autorité pour vous le dire. En tenant résolu du maintien de la constitution actuelle de la propriété que vous êtes, tout ce que vous pouvez logiquement regretter, par amour des classes nécessiteuses, c'est qu'un nombre plus grand encore de doigts pauvres ne soit pas occupé à vêtir un nombre encore plus grand d'épaules riches. Si beaucoup d'hommes étaient à même d'exiger de lui le superflu, l'ouvrier moderne serait sûr de ne pas manquer du nécessaire. — Pensez à ces choses, quand vous serez de loisir, et vous comprendrez la différence qui sépare les deux époques.

THÉODORE.

Je n'y manquerai pas.

FRANÇOIS.

Vous ne voulez pas que la richesse demeure le privilège de ceux qui ne font rien. « Celui qui ne travaille pas ne doit pas manger », répétez-vous volontiers avec Toupin, après saint Paul. Vous en parlez à votre aise. Vous avez de la chance de n'être pas millionnaire. La situation n'est pourtant guère commode, en ces temps, à mon avis, pour un homme, dès qu'il possède à la fois de forts revenus, un bon cœur et pour deux liards de sens économique. Mettez-vous à sa place. J'admets que le rouge lui monte au front de vivre sans rien faire ; la nette certitude de ne pouvoir fournir à la collectivité la somme de labeur dont il se juge redevable envers elle, sans priver un moins renté que lui de ses chances de pain quotidien, le confinera, quoiqu'il en ait, dans son rôle de simple parasite. Que s'il subit la tentation de se faire, du moins, pardonner son inutilité par un emploi charitable d'une partie de ses fonds, il se dira, non sans raison, qu'entre vivre avec faste et créer de la sorte des moyens d'existence à toute une catégorie d'ouvriers, — et modérer ses dépenses pour bâtir des refuges aux ouvriers sans travail, l'option n'est pas facile. Il n'est que Bergelot pour le tirer de là, Bergelot seul!..... Mais donnez à ce dernier pleins pouvoirs pour réduire l'antagonisme existant — source de tout le mal — entre le capital et le travail. Qu'il fasse que tous les deux reprennent, l'un vis à vis de l'autre, la situation qui leur convient et que, le travail cessant d'être subordonné au capital, le capital soit un peu subordonné au travail à son tour ; — qu'il procède, dis-je, pour parler clairement et me bien faire entendre, à l'indispensable nationalisation de la propriété privée, en tant qu'instrument de production.... En percevez-vous distinctement les effets ? Comptons-les, Théodore. Le chômage, tel qu'à retours périodiques il sévit, en régime capitaliste, en jetant des milliers et des milliers de travailleurs manuels sur le pavé, ne se peut plus concevoir, — et d'un. Tous ceux qui n'accomplissent, présentement, que des simulacres de besogne, soit dans l'innombrable armée des ronds-de-cuir officiels, soit ailleurs, les rangs des travailleurs effectifs doivent s'élargir pour les recevoir, — et de deux. Pour la foule des oisifs opulents, enfin, dont la mission actuelle — mission des plus utiles, je ne m'en dédis pas — est de porter, suivant le retour des saisons, un peu de bien être aux habitants des villes ou des campagnes, cette mission, en régime collectiviste, n'ayant plus de raison d'être, Bergelot sera bien obligé de leur en assigner une autre. Et du retour à la production de tous ces bras, étant donné le résultat atteint par celle-ci, même en l'absence de tout concours de leur part, que peut-il bien s'ensuivre, je vous le demande, sinon la création du superflu pour tout le monde?

THÉODORE.

C'est clair, effectivement. Eh bien, que voulez-vous, tant pis! — moi non plus, je ne m'en dédis pas.

FRANÇOIS.

Tant pis! vous dites vrai. — C'est à partir d'à présent, à ne vous rien celer, que cela ne va plus absolument tout seul pour Bergelot. Le principal obstacle qu'il est appelé à rencontrer sur sa route ne réside pas, comme le pensent nombre d'esprits du camp adverse qui viendraient à lui sans cela, dans l'irrémédiable imperfection de la nature humaine. Et, soit dit en passant, les écrivains les plus en vue de son parti ont bien tort de se donner tant de mal pour nous prouver que, du fait même de l'avènement du socialisme, les causes qui engendrent aujourd'hui le plus souvent le vice se trouvant supprimées, nous serons tous parfaits. En dépit de leurs efforts, le bourgeois reste méfiant et regimbe au saut, comme devant. Je ne vois pas, quant à moi, que le fonctionnement du régime exige nécessairement l'absence de perversité chez les hommes, et je suis bien convaincu que s'ils parvenaient à établir d'une manière entièrement invincible que l'État collectiviste, tout aussi bien que le capitaliste, comporte des coquins, ils rallieraient à leur cause beaucoup d'honnêtes gens.

THÉODORE.

A commencer par les gendarmes.

FRANÇOIS.

Non, cet obstacle est ailleurs. — Créer le superflu pour tout le monde, évidemment ce n'est rien ; obtenir de chacun qu'il consomme ce superflu, c'est une autre affaire. Nous y voici. Réfléchissez et vous verrez que la difficulté n'est pas mince. Bergelot, avec de la méthode, parviendra-t-il à la franchir, à susciter chez tous un même besoin de jouissances matérielles et morales un peu hautes ? Je n'oserais en répondre, mais ce dont je suis sûr, c'est que cette condition constitue la pierre d'achoppement du régime. Qu'elle manque, et tout s'écroule. — Vous me suivez ?

THÉODORE.

Je vous suis, François, allez toujours.

FRANÇOIS.

Je prétends donc que la nouvelle société n'aura chance de durer qu'autant que le prodigieux accroissement de produits qu'elle entraîne, sera suivi d'une consommation correspondante. Autrement dit, il faut, avec elle, que la consommation devienne la raison d'être de la production ; — il faut que les citoyens occupés à fabriquer les objets aujourd'hui dits indispensables ne goûtent pas moins le superflu, sous ses aspects les plus variés, que les citoyens occupés à la création du superflu n'apprécieront les objets de première nécessité sortis des mains des précédents; — il faut, en un mot, qu'il y ait conscience, de part et d'autre, que les services rendus des deux côtés se balancent. — Que des doutes s'éveillent, à ce sujet, dans les esprits, et, ne le sentez-vous pas ? des conflits immédiats sont certains, des heurts inévitables, et, les fauteurs de désordre, les agitateurs s'en mêlant, un cataclysme est à redouter qui mettra en péril l'existence même de la civilisation collectiviste !

THÉODORE.

Déjà ?

FRANÇOIS.

Nous verrons bien. — Quoi qu'il en soit, rien n'est plus faux, soyez-en juge, que de confondre, comme on persiste à le faire, le socialisme moderne avec celui des vieux âges. Le but, certes, n'a pas varié. Ce qu'il fut pour leurs plus lointains devanciers, il l'est exactement resté pour nos réformateurs. C'est à savoir : l'établissement, non pas d'une égalité absolue, mais d'un peu plus d'égalité parmi les pavots du jardin. Seulement, ce résultat, tandis que les premiers ne le pouvaient atteindre que par un abaissement des plus grands, de nouvelles conditions économiques font que leurs successeurs n'y peuvent, au contraire, aboutir que par une élévation des chétifs. Par la force des choses, non par la volonté des hommes, le point de nivellement s'est déplacé. C'était jadis aux riches à faire le chemin ; à cette heure, c'est aux pauvres. Comme on ne pouvait se rejoindre que dans la continence autrefois, on ne le peut que dans l'abondance aujourd'hui. De même que l'ancien socialisme avait de toute nécessité, la crasse pour assise, le moderne — que ceux qui s'en réclament le veuillent ou non — est fatalement circonscrit entre le tub et le schampooing !

THÉODORE.

Résignons-nous.....

FRANÇOIS.

Et vous devez comprendre, à présent, que la contradiction si souvent reprochée à certains socialistes entre le goût dont ils témoignent pour le confort et leurs convictions démocratiques, en réalité fait défaut ; que de Bergelot qui se soigne, s'habille avec recherche, et de Toupin qui se néglige et omettrait comme indignes et tout à fait frivoles les pratiques de propreté les plus élémentaires, c'est Bergelot qui est dans le vrai ; que celui-ci est mûr pour le nouveau régime, tandis que l'éducation tout entière de celui-là reste à faire ; — que *la Défense* enfin, quand elle est gaie, devrait, pour ne pas rire du moins à contresens, loin de sommer Bergelot de renoncer aux aromates, intimer l'ordre à Toupin de se laver les pieds.....

M.-S.-L., *octobre 1895.*

PARIS. — IMPRIMERIE CHAIX. — 23198-11-95. — (Encre Lorilleux.)